So wird es gemacht:

Öffne das LÜK®-Kontrollgerät und lege die Plättchen in den unbedruckten Deckel. Jetzt kannst du auf den Plättchen und im Geräteboden die Zahlen 1 bis 24 sehen. Für die Übungen in diesem Heft benötigst du nur die Plättchen 1 bis 12.

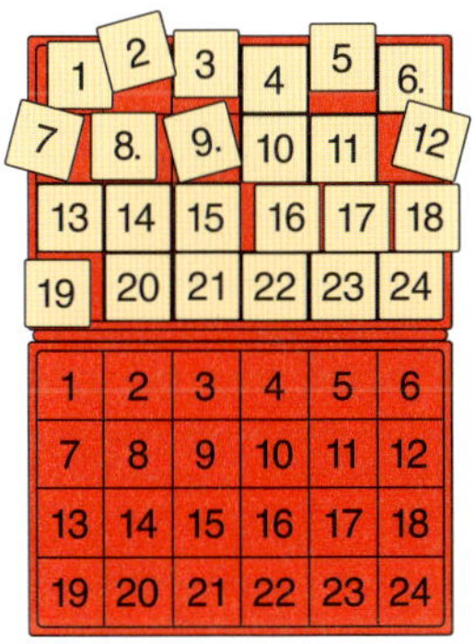

So arbeitest du weiter, bis alle Plättchen im Geräteboden liegen. Schließe dann das Gerät und drehe es um. Öffne es von der Rückseite. Wenn du das bei der Übungsreihe abgebildete Lösungsmuster siehst, hast du alle Aufgaben richtig gelöst.

AF639444

Beispiel: Seite 2

O o : Nimm Plättchen 1. und sieh dir die Aufgabe 1. an.
Hörst du in dem Wort ein O o?
Bei "Osterei" hörst du ein o.
Lege also Plättchen 1. auf die Ziffer 1 im Kontrollgerät.
Die Aufgabenziffer muss dabei nach oben zeigen.

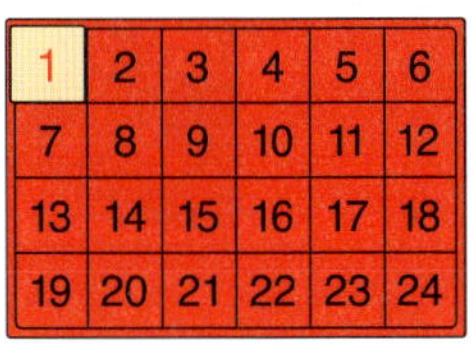

Passen einige Plättchen nicht in das Muster, dann hast du dort Fehler gemacht. Drehe diese Plättchen da, wo sie liegen um und öffne es wieder. Jetzt kannst du sehen, welche Aufgaben du falsch gelöst hast. Nimm diese Plättchen heraus und suche die richtigen Ergebnisse. Kontrolliere dann noch einmal. Stimmt jetzt das Muster?
Das System ist für alle Übungen gleich: Die roten Aufgabenziffern im Heft entsprechen immer den miniLÜK-Plättchen aus dem Kontrollgerät. Die Feldzahlen bei den Lösungen sagen dir, auf welche Felder im Kontrollgerät die Plättchen gelegt werden.

Und nun viel Spaß!

LÜK® – Begründet von Heinz Vogel
Autorin dieses Heftes: Kirstin Jebautzke
Gestaltung und Herstellung: Sigert GmbH Druck- und Medienhaus
Druck und Verarbeitung: westermann druck GmbH, Braunschweig
2019 Georg Westermann Verlag GmbH
Georg-Westermann-Allee 66, 38104 Braunschweig, service@westermann.de
3. Auflage 2025   ISBN 978-3-8377-**4841**-3

FSC MIX Papier FSC® C009717

O o

Hörst du in dem Wort ein **O o**?

1.  1 / 6

2.  7 / 3

3.  6 / 5

O o

4.  12 / 2

5.  12 / 9

6.  4 / 12

Wie viele Silben hat das Wort?

7. 	8. 	9. 
10 1 6	7 8 12	2 4 5
10. 	11. 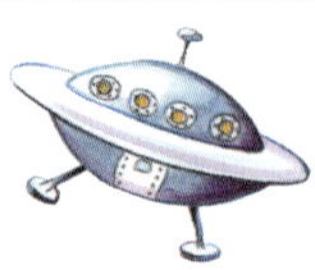	12. 
3 5 11	1 7 6	5 9 8

I i

Hörst du in dem Wort ein **I i**?

1. 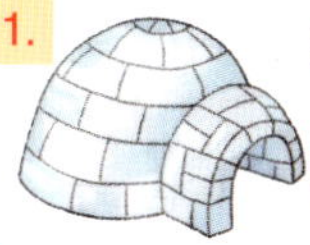 9 11

2.  11 1

3.  4 8

I i

4.  10 2

5.  1 7

6.  6 12

Wie viele Silben hat das Wort?

7.  9 5 1	8.  5 3 10	9.  6 7 3
10. 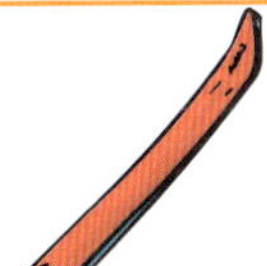 2 10 6	11.  2 7 4	12. 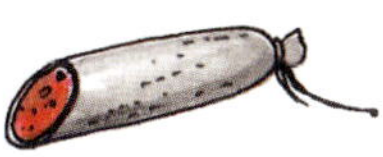 9 8 6

U u

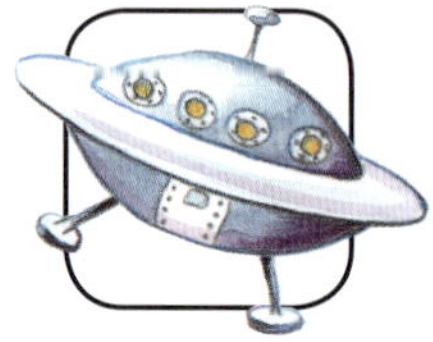

In welchem Wort hörst du **U u**?

1.

5 7

2.
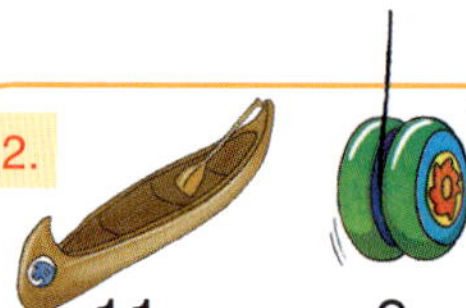
11 9

3.

4 2

U u

4.
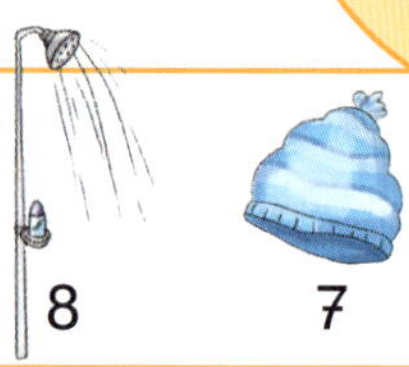
8 7

5.

12 10

6.
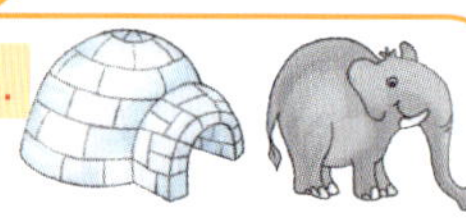
12 11

Wie viele Silben hat das Wort?

7.

6 5 3

8.

1 4 10

9.
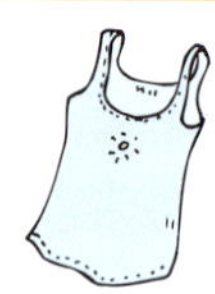
4 1 3

10.

1 11 9

11.

3 2 12

12.
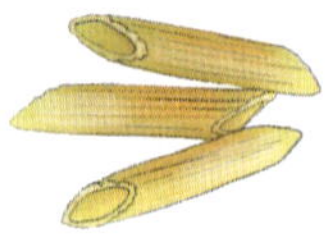
2 6 8

A a

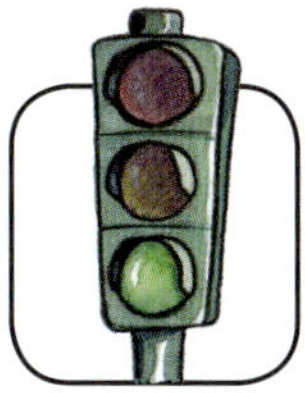

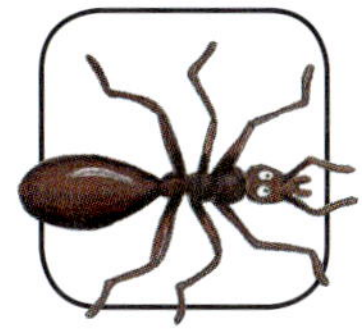

In welchem Wort hörst du **A a**?

1.  
4 8

2. 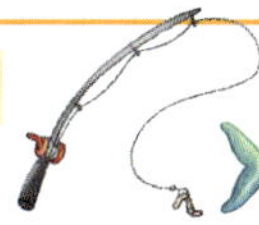 
12 11

3.  
10 7

A a

4.  
8 7

5.  
3 12

6.  
11 10

Wie viele Silben hat das Wort?

7.  8 1 5	8.  9 2 1	9.  3 9 7
10.  3 4 10	11.  10 5 2	12. 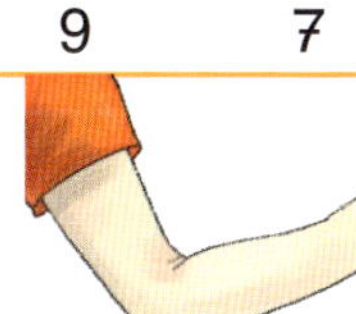 6 12 11

E e

Hörst du in dem Wort ein **E e**?

1.  🙂 8 ☹ 3

2.  🙂 5 ☹ 10

3.  🙂 11 ☹ 1

E e

4.  🙂 12 ☹ 7

5.  🙂 6 ☹ 7

6.  🙂 9 ☹ 4

Wie viele Silben hat das Wort?

7.  ‿ 6 ‿‿ 4 ‿‿‿ 7	8.  ‿ 3 ‿‿ 11 ‿‿‿ 2	9.  ‿ 12 ‿‿ 2 ‿‿‿ 8
10.  ‿ 9 ‿‿ 5 ‿‿‿ 2	11.  ‿ 12 ‿‿ 1 ‿‿‿ 6	12.  ‿ 10 ‿‿ 8 ‿‿‿ 3

M m

In welcher Silbe hörst du **M m**?

1. 
x x
12 5

2. 
x x
8 11

3. 
x x
2 9

M m

4. 
x x
11 1

5. 
x x
9 3

6. 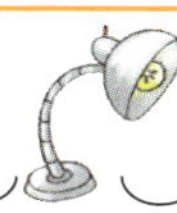
x x
7 10

Mit welcher Silbe beginnt das Wort?

7. 

Mi	6
Ma	1
Mo	8

8. 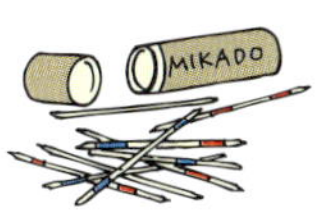

Me	7
Mu	12
Mi	5

9. 

Ma	3
Mi	10
Me	8

10. 

Ma	1
Mu	11
Mo	4

11. 

Ma	3
Mi	5
Mu	6

12. 

Mi	7
Me	2
Mo	9

L l

In welchem Wort hörst du **L l**?

1. 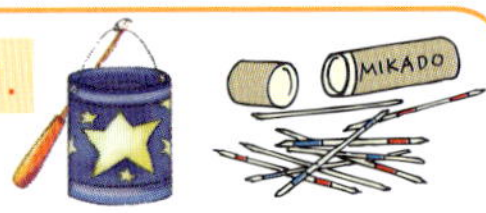

2 10

2. 
6 9

3. 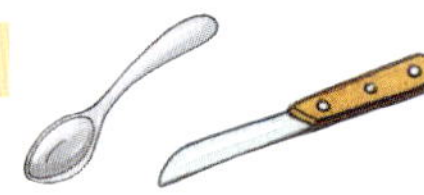
5 3

L l

4. 
1 4

5. 
1 11

6. 
12 10

In welcher Silbe hörst du L l?

7.  x — 3, x — 10	8.  x — 5, x — 7	9.  x — 6, x — 8
10.  x — 12, x — 7	11. 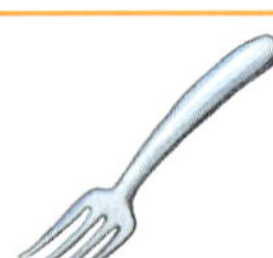 x — 11, x — 8	12.  x — 9, x — 4

S s

In welcher Silbe hörst du **S s**?

1. 
1 12

2. 
3 7

3. 
10 6

S s

4. 
9 2

5. 
11 8

6. 
1 4

Welches Wort ist richtig?

7.	Li sa	10		Sa li	4						
8.	Ma la	2		La ma	7						
9.	Mo li	1		Li mo	5						
10.	Su si	12		Si su	4						
11.	La sa mi	3		Sa la mi	8		Mi sa la	7			
12.	Sa lo me	9		Me so la	5		La me so	6			

W w

In welchem Wort hörst du **W w**?

1.  2  6

2.  9 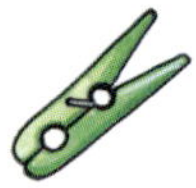 6

3.  3  11

W w

4.  1  7

5.  9  3

6.  5  8

Wie viele Silben hat das Wort?

7. 
11 4 10

8. 
5 12 7

9. 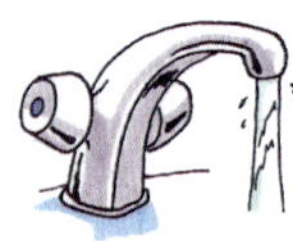
7 9 4

10. 
6 10 3

11. 
2 8 10

12. 
5 12 1

R r

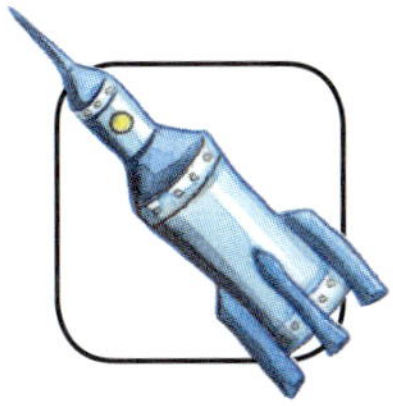

In welcher Silbe hörst du **R r**?

1. 
x x
3 9

2. 
x x
2 5

3. 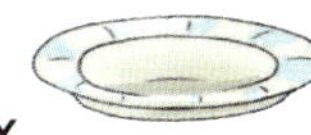
x x
5 2

R r

4. 
x x
4 3

5. 
x x
12 8

6. 
x x
7 6

Mit welcher Silbe beginnt das Wort?

7. 

Ri	8
Ra	12
Ro	11

8. 

Re	10
Ru	6
Ri	2

9. 

Ra	1
Ri	4
Re	3

10. 

Ro	12
Ri	1
Re	7

11. 

Ra	5
Ro	9
Re	8

12. 

Ri	2
Re	7
Ra	11

F f

Hörst du in dem Wort ein **F f**?

1.  11 5

2.  7 11

3.  9 10

F f

4.  12 7

5. 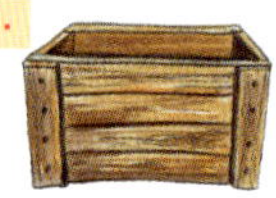 8 3

6.  8 10

Wie heiβt das Wort?

7.

	fa	1
Mo	fi	12
	fo	9

8.

	fi	10
U	fe	2
	fo	5

9.

	fu	3
So	fa	9
	fo	5

10.

	fe	10
Ro	su	7
	se	4

11.

	le	6
Wa	fo	5
	mi	1

12.

	fi	6
O	ma	2
	su	8

N n

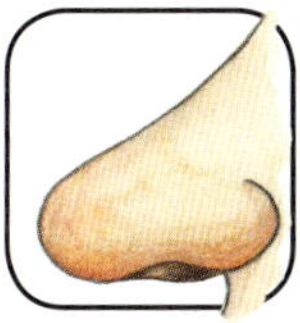

In welchem Wort hörst du **N n**?

1.
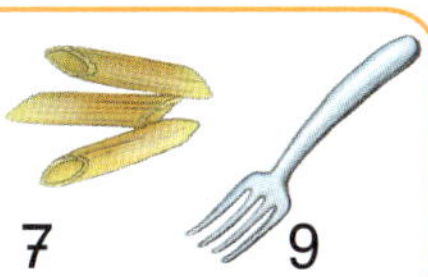
7 9

2.

11 6

3.

2 4

N n

4.

8 5

5.
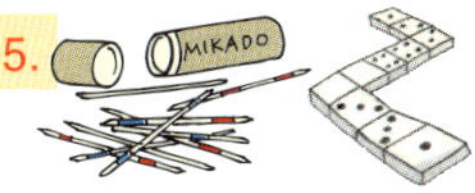

8 10

6.

10 12

Wie viele Silben hat das Wort?

7.	8.	9.

7 5 3	11 1 4	3 12 6
10.	11.	12.

1 10 9	5 12 2	7 6 4

T t

In welcher Silbe hörst du **T t**?

1.  x ◡◡ 10 — ◡◡ x 3
2.  x ◡◡ 8 — ◡◡ x 12
3.  x ◡◡ 7 — ◡◡ x 4

T t

4.  x ◡◡ 2 — ◡◡ x 9
5.  x ◡◡ 12 — ◡◡ x 2
6.  x ◡◡ 11 — ◡◡ x 5

Welches Wort ist richtig?

7.	Ta	fel		6	Fel	ta		9				
8.	No	te		4	Te	no		1				
9.	Tel	man		5	Man	tel		8				
10.	Fon	le	te	10	Te	le	fon	1	Le	fon	te	8
11.	Ma	to	te	7	Te	to	ma	11	To	ma	te	3
12.	Ta	ma	ra	5	Ra	ta	ma	12	Ma	ta	ra	8

Au au

In welchem Wort hörst du **Au au**?

1. 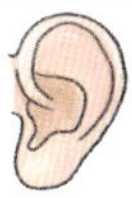 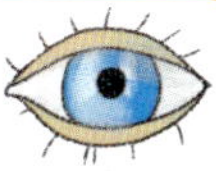
5 8

2.  
10 9

3.  
11 8

Au au

4.  
11 7

5.  
5 10

6.  
9 1

Wie viele Silben hat das Wort?

7. 
3 8 10

8. 
7 1 9

9. 
11 12 5

10. 
4 6 9

11. 
5 11 2

12. 
4 8 6

Ei ei

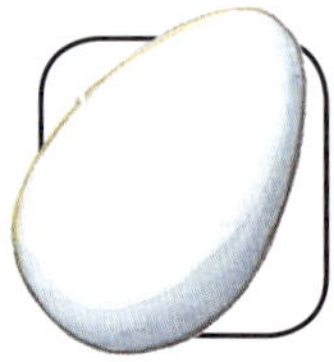

Hörst du in dem Wort ein **Ei ei**?

1.  ☺ 5 ☹ 2

2.  ☺ 9 ☹ 17

3.  ☺ 5 ☹ 2

Ei ei

4.  ☺ 1 ☹ 12

5.  ☺ 9 ☹ 11

6.  ☺ 10 ☹ 3

Mit welcher Silbe beginnt das Wort?

7. 

Sei	3
Lei	2
Mei	9

8. 

Wei	5
Rei	7
Nei	12

9. 

Tei	1
Lei	6
Sei	4

10. 

A	10
Ei	12
Au	5

11. 

Wei	6
Nei	3
Lei	8

12. 

Rei	4
Mei	11
Sei	2

H h

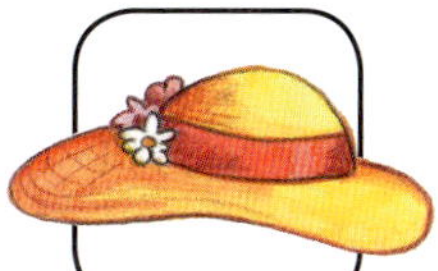

In welchem Wort hörst du **H h**?

1. 
1 3

2. 
6 3

3. 
2 6

H h

4. 
2 8

5. 
11 4

6. 
11 4

Welches Wort passt zum Bild?

7.	8.	9.	10.	11.	12.
Hut	Hase	Hammer	Hamster	Haus	Nashorn
					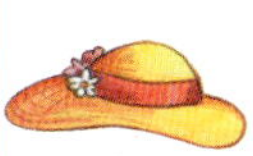
5	9	7	8	12	10

D d

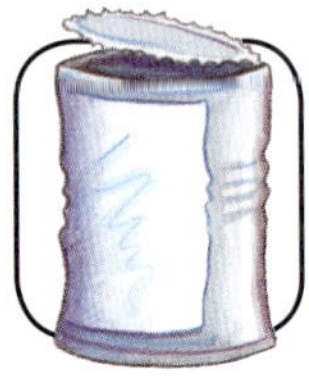

In welcher Silbe hörst du **D d**?

1\. 

x x

4 10

2\. 

x x

8 2

3\. 

x x

5 1

D d

4\. 

x x

2 3

5\. 

x x

9 11

6\. 

x x

1 12

der, die oder das?

7\. 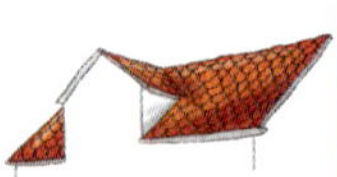

der	9
die	1
das	7

8\. 

der	4
die	9
das	7

9\. 

der	2
die	6
das	12

10\. 

der	6
die	12
das	3

11\. 

der	10
die	2
das	8

12\. 

der	10
die	5
das	8

Sch sch

In welchem Wort hörst du **Sch sch**?

1.

7 1

2.

3 10

3.

6 2

Sch sch

4.
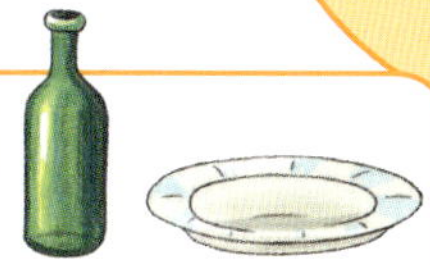
2 12

5.

1 12

6.

9 4

Wie viele Silben hat das Wort?

7.  5 10 1	8.  8 7 10	9.  3 5 9
10.  11 4 8	11.  12 7 2	12.  11 9 6

K k

Hörst du in dem Wort ein **K k**?

1.  9 / 10
2.  5 / 11
3.  8 / 1

K k

4.  7 / 10
5.  1 / 6
6.  12 / 9

Welches Wort ist richtig?

7.	Mel	ka		1	Ka	mel		5				
8.	Kof	fer		3	Fer	kof		2				
9.	Ke	wol		6	Wol	ke		7				
10.	Ra	ke	te	2	Te	ra	ke	8	Ra	te	ke	1
11.	Fel	tel	kar	7	Tof	kar	tel	11	Kar	tof	fel	4
12.	Ru	gu	kän	3	Kän	gu	ru	6	Gu	kän	ru	12

Z z

In welcher Silbe hörst du **Z z**?

1. 
x x
7 11

2. 
x x
1 11

3. 
x x
12 4

Z z

4. 
x x
8 5

5. 
x x
8 10

6. 
x x
12 3

der, die oder das?

7. 

der	5
die	3
das	11

8. 

der	10
die	4
das	1

9. 

der	3
die	12
das	7

10. 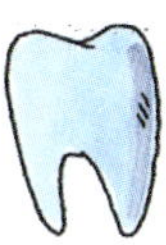

der	9
die	5
das	1

11. 

der	6
die	2
das	11

12. 

der	4
die	8
das	6

P p

In welchem Wort hörst du **P p**?

1.

8 10

2.

12 11

3.

4 10

P p

4.

7 8

5.

12 3

6.

7 11

Welches Wort passt zum Bild?

7.	8.	9.	10.	11.	12.
Pinsel	Puppe	Lampe	Pirat	Lupe	Ampel

9	5	2	4	6	1

G g

In welchem Wort hörst du **G g**?

1.  8  11

2.  10  3

3.  12  11

G g

4.  7  1

5.  8  6

6.  5  9

Wie endet das Wort?

7. 

gen	4
gel	5
ger	9

8. 

ger	2
gen	1
gel	8

9. 

gel	6
ger	12
gen	10

10. 

ger	4
gen	12
gel	5

11. 

gel	1
ger	11
gen	3

12. 

gen	3
gel	2
ger	7

J j

Hörst du in dem Wort ein **J j**?

1.  12 1

2.  6 8

3.  9 3

J j

4.  11 4

5.  12 3

6.  7 2

Verbinde die Silben.

7. Ju der 5

8. je do 1

9. ja gen 10

10. Jun len 6

11. jau li 2

12. Ju ge 4

Eu eu

In welchem Wort hörst du **Eu eu**?

1.  
2 8

2.  
10 9

3. 9 4
5 11

Eu eu

4.  
2 1

5.  
9 11

6.  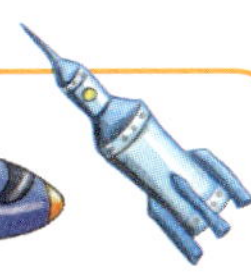
10 6

In welcher Silbe hörst du **Eu eu**?

7.  x x 3 4	8.  x x 1 7	9.  x x 6 7
10.  x x 12 6	11.  x x 3 8	12.  x x 4 5

Ch ch

Hörst du in dem Wort ein **ch**?

1.  1 / 9

2.  1 / 3

3. 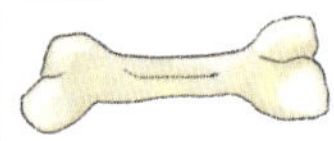 6 / 3

Ch ch

4.  2 / 6

5.  11 / 4

6.  8 / 4

Welche Wörter reimen sich?

7.	8.	9.	10.	11.	12.
Teich	wach	Buch	machen	Licht	Koch
Tuch	nicht	reich	doch	lachen	flach
5	8	10	9	12	7

Ü ü

Hörst du in dem Wort ein **Ü ü**?

1. 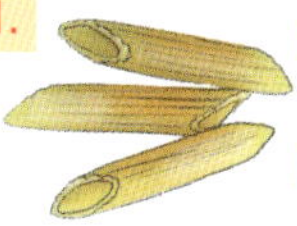 ☺ 7 ☹ 2
2.  ☺ 6 ☹ 12
3. 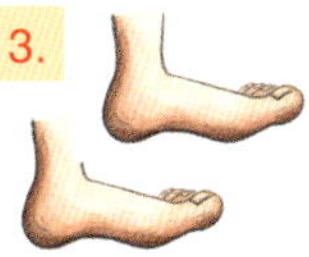 ☺ 3 ☹ 6

Ü ü

4.  ☺ 10 ☹ 1
5.  ☺ 9 ☹ 2
6. 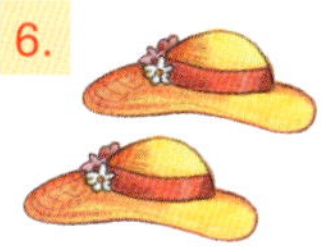 ☺ 5 ☹ 9

Verbinde die Silben.

7. Tü ner 4
8. Kü te 11
9. grü ken 7
10. Müs ren 8
11. Tü ze 12
12. Müt li 10

Ö ö

In welchem Wort hörst du **Ö ö**?

1\. 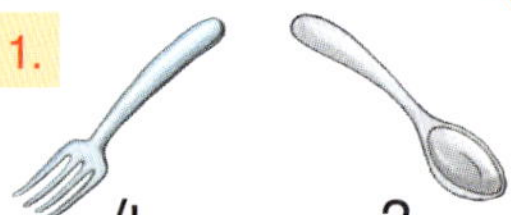
4 3

2\. 
5 9

3\. 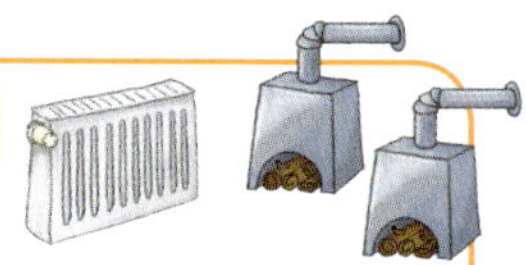
5 2

Ö ö

4\. 
4 10

5\. 
8 6

6\. 
2 6

Wie viele Silben hat das Wort?

7\. 
2 12 4

8\. 

10 9 5

9\. 
7 3 1

10\. 
11 7 1

11\. 
10 8 9

12\. 
11 12 6

B b

In welcher Silbe hörst du **B b**?

1. 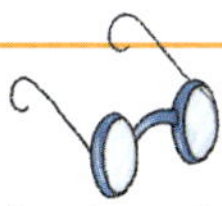
x 11 x 5

2. 
x 4 x 7

3. 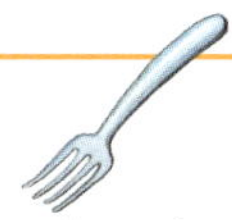
x 11 x 10

B b

4. 
x 12 x 10

5. 
x 3 x 2

6. 
x 9 x 8

Mit welcher Silbe beginnt das Wort?

7. 

Be	5
Bi	1
Bo	10

8. 

Ba	5
Bo	1
Bi	7

9. 

Be	4
Bi	8
Bü	9

10. 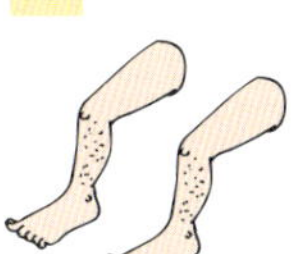

Bau	3
Bei	4
Beu	11

11. 

Be	6
Ba	9
Bu	2

12. 

Bei	12
Bau	6
Beu	2

Ä ä

Welches Wort ist richtig?

1.

Löwe	Bär
3	7

2.
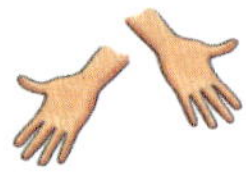

Hände	Arme
11	8

3.

Wurst	Käse
1	4

Ä ä

4.

Besen	Bälle
4	8

5.
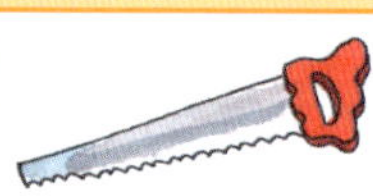

Säge	Hammer
10	6

6.

Birne	Äpfel
7	12

Welche Wörter gehören zusammen?

7.	8.	9.	10.	11.	12.
Mantel	Apfel	Kamm	Bank	Glas	Saft
Gläser	Kämme	Mäntel	Säfte	Äpfel	Bänke
2	3	5	6	1	9

St st 

Hörst du in dem Wort ein **St st**?

1.  🙂 8 ☹ 10
2. 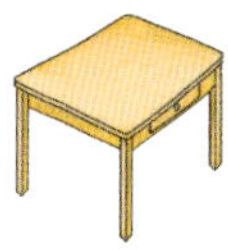 🙂 11 ☹ 12
3.  🙂 10 ☹ 6

St st

4.  🙂 7 ☹ 3
5.  🙂 3 ☹ 1
6.  🙂 9 ☹ 11

Verbinde die Silben.

7. Ster te 9
8. Stel ne 5
9. Stif zen 1
10. Stu che 2
11. Stör pel 6
12. Stem fen 4

Sp sp

In welchem Wort hörst du **Sp sp**?

1.

2 10

2.

12 9

3.

8 7

Sp sp

4.

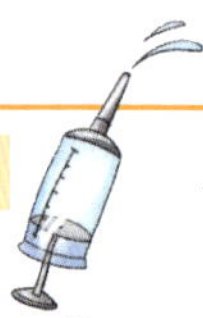 

9 11

5.

3 2

6.

11 4

der, die oder das?

7.

der	1
die	4
das	6

8.

der	10
die	8
das	4

9.

der	8
die	5
das	12

10.

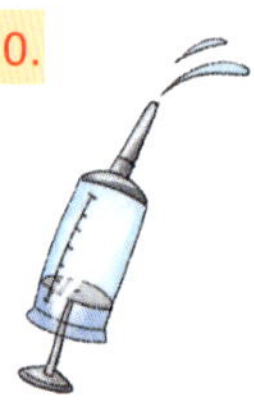

der	3
die	1
das	2

11.

der	3
die	6
das	9

12.

der	11
die	5
das	7

ie

Welches Wort ist richtig?

1. 

Schaf	Ziege
7	8

2. 

Spiegel	Lupe
10	11

3. 

Tomate	Zwiebel
3	11

ie

4. 

Riese	Jäger
7	4

5. 

Stempel	Brief
8	5

6. 

Fliege	Ameise
9	5

Verbinde die Silben.

7.	Bie	len	12
8.	sie	ne	3
9.	spie	ben	1
10.	Flie	gel	4
11.	Zwie	ge	6
12.	Spie	bel	2

Qu qu

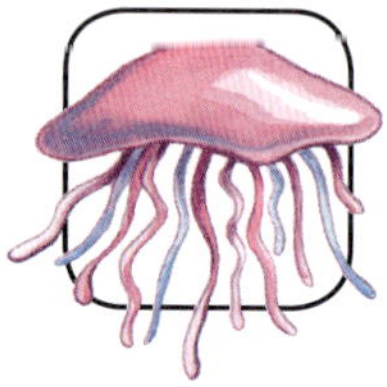

Hörst du in dem Wort ein **Qu qu**?

1.  😊 9 ☹ 2

2.  😊 9 ☹ 6

3.  😊 5 ☹ 11

Qu qu

4.  😊 3 ☹ 1

5.  😊 4 ☹ 11

6.  😊 10 ☹ 8

Welche Wörter reimen sich?

7.	8.	9.	10.	11.	12.
Qualle	Quatsch	Qual	Quelle	Qualm	quer
Wal	Halle	schwer	Halm	Matsch	Welle
6	3	4	8	7	12

V v

In welcher Silbe hörst du **V v**?

1. 
x x
1 7

2. 
x x
9 3

3. 
x x
11 6

V v

4. 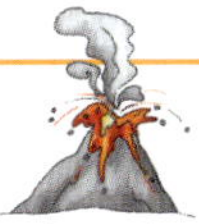
x x
2 8

5. 
x x
12 5

6. 
x x
4 10

Wie klingt das **V v** in dem Wort?

		v wie 	v wie 
7.	Vater	10	3
8.	Vase	1	8
9.	Pullover	12	5
10.	Klavier	6	11
11.	Vogel	7	2
12.	vier	9	4

C c

Welches Wort ist richtig?

1.	Car	men		1	Men	car		4				
2.	ver	cle		1	cle	ver		3				
3.	Col	lie		6	Lie	col		5				
4.	Na	co	rin	3	Co	rin	na	2	Rin	na	co	6
5.	Ter	pu	com	8	Pu	com	ter	10	Com	pu	ter	11
6.	Ca	ri	na	4	Na	ca	ri	2	Ca	na	ri	9

Richtig oder falsch?

		ja	nein
7.	Marco ist ein Junge.	10	7
8.	Ein Collie ist eine Katze.	12	7
9.	Corinna ist ein Mädchen.	5	3
10.	Viele Menschen arbeiten am Computer.	12	8
11.	Clever ist ein anderes Wort für schlau.	8	11
12.	Wenn etwas cool ist, ist es doof.	1	9

Pf pf

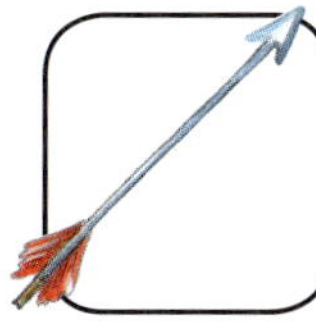

Hörst du in dem Wort ein **Pf pf**?

1.  🙂 4 ☹ 5

2.  🙂 9 ☹ 2

3. 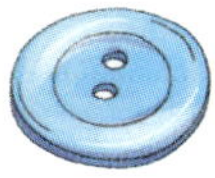 🙂 5 ☹ 2

Pf pf

4.  🙂 3 ☹ 12

5.  🙂 6 ☹ 11

6.  🙂 1 ☹ 3

Richtig oder falsch?

		ja	nein
7.	Äpfel kann man essen.	7	8
8.	Ein Hund hat drei Pfoten.	7	9
9.	Ein Pferd kann pfeifen.	12	6
10.	Suppe kocht man im Topf.	12	4
11.	Nach dem Regen gibt es Pfützen.	10	11
12.	In der Schule dürfen wir kämpfen.	10	8

ß

Welche Wörter reimen sich?

1.	2.	3.	4.	5.	6.
weiß	Füße	Soße	heißen	fließen	groß
große	heiß	gießen	Stoß	Grüße	beißen
6	1	12	4	3	2

Richtig oder falsch?

		ja	nein
7.	Autos fahren auf der Straße.	10	3
8.	Ein Zwerg ist sehr groß.	7	8
9.	Ein Mensch hat zwei Füße.	5	6
10.	Schokoladeneis ist heiß.	4	11
11.	Eisbären haben ein weißes Fell.	7	1
12.	Blumen im Topf muss man gießen.	9	5

X x

In welchem Wort hörst du **X x**?

1.

9 7

2.

5 11

3.

8 2

X x

4.

10 12

5.
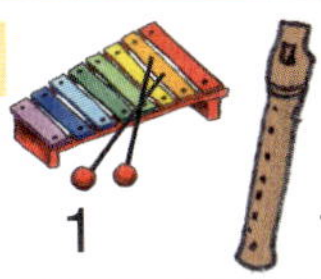
1 10

6.

4 12

Wie viele Silben hat das Wort?

7.	8.	9.

11 6 5	3 9 8	1 7 4
10.	**11.**	**12.**
	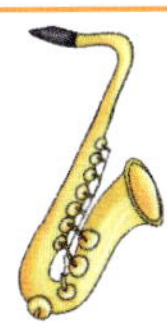	
1 2 12	5 10 4	7 6 3

Y y

Wie viele Silben hat das Wort?

1.  7 · 10 · 2	2.  8 · 11 · 4	3.  12 · 4 · 3
4.  1 · 8 · 7	5.  3 · 6 · 10	6.  11 · 12 · 5

Wie klingt das **y** in dem Wort?

	y wie 	y wie 	y wie 
7. Teddy	3	5	12
8. Yoga	10	2	1
9. Pyramide	3	11	6
10. Pony	12	9	5
11. Yacht	1	4	2
12. Dynamo	6	10	7